HISTOIRE JUNIORS
collection sous la direction
d'Alain Plessis
Maître-assistant à l'Université de Paris-VIII

# PASTEUR

texte de Jean-Marie Le Guevellou
illustrations de Pierre Brochard

Hachette
79 bd Saint-Germain 75006 Paris

# un enfant peintre

C'est à Dôle, dans le Jura,
que naît Louis Pasteur en décembre 1822.
Mais c'est non loin de là,
à Arbois, que se déroule
la plus grande partie de son enfance.
Ses parents marquent profondément
Pasteur. Son père, un ancien officier
de Napoléon I$^{er}$, lui communique
très tôt le sens de l'effort.
Sa mère lui apprend la valeur
de l'imagination et de l'enthousiasme.
Le jeune Louis manifeste rapidement
une sensibilité très vive
à l'égard de la nature.
C'est pourquoi il refuse de chasser
les oiseaux avec ses camarades de classe.
Cette sensibilité s'allie
à un grand sens de l'observation,
ce qui fait de lui un « artiste »,
comme l'appellent les habitants d'Arbois.
Louis effectue, en effet,
de remarquables tableaux, en particulier
des **pastels** représentant ses parents.
Les lettres qu'il adresse par la suite
à ses parents depuis le collège
de Besançon où il fait ses études,
dénotent beaucoup de tendresse,
un grand amour du travail
ainsi qu'une ambition élevée :
entrer à **l'École normale supérieure.**

**Pastels**
*Dessins en couleur exécutés.
avec des crayons de pastel,
c'est-à-dire des crayons faits
de poudre de couleur soli-
difiée.*

**École normale supérieure**
*Créée lors de la Révolution
Française, cette « grande
école », d'accès difficile, forme les futurs professeurs en
les préparant au concours de
recrutement qu'est l'agréga-
tion.*

**Le portrait de sa mère**
*Dans sa jeunesse, Louis Pas-
teur, qui était fort attaché
à ses parents et doué pour le
dessin, aimait à faire le portrait de sa mère avec des pastels.*

# travail et mérite

Après avoir passé deux baccalauréats,
l'un en lettres et l'autre en sciences,
Pasteur réussit à devenir normalien,
puis agrégé de physique et enfin **docteur**
alors qu'il n'a que 25 ans !
Cette carrière exceptionnelle
est le résultat d'un travail acharné.
Très vite, Pasteur se fait remarquer
dans les milieux scientifiques par des
travaux originaux qui mêlent étroitement
la chimie, la **cristallographie** et l'optique.
Chargé de mission par l'Académie
des sciences en Europe centrale,
il cherche avec obstination le secret
de la fabrication « d'une variété d'**acide** »
et finit par le découvrir.
En septembre 1854, à l'âge de 32 ans
seulement, Pasteur est nommé professeur
de la nouvelle faculté des sciences
de Lille. Il attire beaucoup d'étudiants.
Le petit amphithéâtre dans lequel
il donne ses cours est bondé.
Pasteur s'exprime avec assurance
et n'utilise que les mots justes.
Il expose ses idées avec beaucoup d'ordre
et de clarté et les illustre toujours
par des expériences significatives.
Sa réputation devient telle
qu'on ne va pas tarder à lui soumettre
des énigmes face auxquelles la chimie
est encore impuissante...

**Docteur**
*C'est un professeur qui a exposé, dans un livre appelé « thèse », le résultat de ses recherches personnelles.*

**Cristallographie**
*C'est la science qui étudie les cristaux. Ces derniers sont des minéraux possédant une forme géométrique bien définie.*

**Acide**
*Substance contenant de l'hydrogène et qui agit sur les métaux en les rongeant.*

**Un cours de Pasteur**
*L'amphithéâtre de l'Université de Lille était bien trop petit pour accueillir tous ceux qui voulaient y écouter les cours de chimie de Pasteur.*

# un mystère éclairci

Un industriel lillois demande un jour
à Pasteur d'étudier les **fermentations**
qui sont très mal connues.
A l'aide d'un simple microscope d'étudiant,
Pasteur constate que les **cellules**
du jus de fermentation sont rondes
quand celui-ci est sain et qu'elles
s'allongent quand l'**altération** commence.
Pasteur découvre alors que les chimistes
n'ont pas remarqué une certaine variété
de cellules du lait caillé. Il isole ces cellules
puis les introduit dans un autre liquide
et obtient une fermentation lactique.
Il a ainsi prouvé l'influence de la vie
dans les fermentations, ce que tous
les chimistes niaient à cette époque.
A la suite de cette brillante découverte,
Pasteur est nommé directeur
des études scientifiques à l'École
normale supérieure. Or, cette École
n'a qu'un seul laboratoire qui est déjà
attribué à un autre savant. Pasteur doit
donc se contenter de deux pièces
inhabitables situées au grenier
pour poursuivre ses recherches.
« Je m'habitue à ce réduit, »
écrit-il néanmoins,
« et j'aurais de la peine à le quitter ».
Malgré les mises en garde de ses aînés,
Pasteur va bientôt prendre part
à une importante querelle scientifique.

**Fermentation**
*Modification de certaine
substances organiques. Dan
la fermentation lactique, l
lait, liquide, devient solide
dans la fermentation ace
tique, le vin se transforme e
vinaigre.*

**Cellule**
*Élément de base de tous le
êtres vivants. Les animaux e
les végétaux sont formés d
milliards de cellules dont le
dimensions varient de quel
ques millièmes de millimètre
à plusieurs centimètres.*

**Altération**
*Modification de l'état norma.
On appelle altérable tout
matière qui peut ainsi s'abî
mer.*

**Dans le laboratoire de
l'École normale supérieure**
*Pour ses recherches, Pasteu
ne disposait alors, comme la
boratoire, que de deux pièce
misérables, dans le grenier d
l'École.*

# l'arme anti-microbienne

En 1858, partisans et adversaires
de la théorie de la **« génération spontanée »**
se disputent à nouveau.
Pasteur fait l'expérience suivante :
il remplit des flacons avec un liquide
altérable; il fait bouillir ce liquide
et referme les flacons.
Puis, il les brise de façon à y faire pénétrer
brusquement l'air et ses poussières.
Le liquide est alors, à chaque fois, altéré.
La preuve est faite que l'air contient
des éléments de vie. Pasteur a réfuté ainsi
la théorie de la génération spontanée.
Il démontre ensuite que du sang placé
dans un flacon à l'intérieur d'une **étuve**
chauffée à 30° ne subit aucune altération :
la chaleur détruit les **microbes**.
Pasteur, qui a été élu à l'Académie
des sciences en 1862, vient d'inventer
une extraordinaire arme anti-microbienne :
le chauffage suivi d'un brusque
refroidissement. Cette méthode sera
de plus en plus utilisée sous le nom
de « pasteurisation ». Son créateur l'applique
dès janvier 1864 aux maladies du vin :
ce liquide est porté à une température
de 50 à 60° sans aucun inconvénient
et peut ensuite subir le contact et l'action
de l'air qui le bonifie sans danger.
Pasteur a acquis un tel succès que,
de partout, on fait appel à lui.

**Génération spontanée**
*Théorie selon laquelle la vie peut apparaître à partir de rien.*

**Étuve**
*Appareil qui donne une température élevée et constante.*

**Microbes**
*Êtres vivants microscopiques constitués par une seule cellule. Ils transforment les éléments dans lesquels ils vivent, en sécrétant divers produits. Ils sont à l'origine des fermentations.*

**Pasteur est reçu par l'empereur Napoléon III**
*Pasteur, enthousiaste, entre dans le bureau de Napoléon III, qui le reçoit dans son château à Compiègne; il vient lui exposer ses dernières découvertes.*

# du vin au vinaigre

Ainsi, le 11 novembre 1867,
Pasteur fait un exposé scientifique
aux négociants d'Orléans.
Il leur démontre que la transformation
du vin en vinaigre est due
à un **champignon** microscopique,
appelé d'un nom latin,
le « Mycoderma aceti ». Une bouteille
de vin hermétiquement bouchée
préserve son contenu de l'**acidification,**
explique-t-il; « Mycoderma » a en effet
besoin d'air pour se développer.
Et d'air frais : au contact de l'air
préalablement chauffé,
le vin ne se détériore pas...
La chaleur a donc tué « Mycoderma aceti ! »
Lorsque le vin reste longtemps exposé
à l'air frais, ajoute-t-il, le « Mycoderma
aceti » a une action particulièrement
dangereuse. Il transforme l'acide acétique
en eau et en acide carbonique...
Les négociants en vin sont passionnés
par cet exposé et Pasteur est heureux
de faire œuvre de **vulgarisateur.**
L'année suivante, Pasteur est atteint
par une crise de paralysie. Dans la demeure
provinciale où il part se rétablir,
il fait installer un laboratoire
pour pouvoir poursuivre les recherches
qu'il a entreprises sur une maladie
bien mystérieuse...

**Champignons**
*Ce sont des végétaux. Il e
existe de grande taille (ave
un pied et un chapeau
et d'autres, microscopiques
comme les moisissures.*

**Acidification**
*Transformation en acide.*

**Vulgarisateur**
*Celui qui met des connais
sances difficiles à la porté
de tout le monde, en les sim
plifiant parfois.*

**Un cours devant des négociants en vin**
*Pasteur explique à des négo-
ciants en vin comment le vin
peut se transformer en vinaigre.*

# une propreté parfaite

Au milieu du XIX$^e$ siècle, sept malades
sur dix mouraient après une
opération par manque d'hygiène.
C'est Pasteur qui expose
les grandes règles de l'**asepsie**
lors d'une communication à l'Académie
de médecine en 1878 :
« ... Si j'avais l'honneur d'être
chirurgien, pénétré comme je suis
des dangers auxquels exposent les germes
des microbes, non seulement
je ne me servirais que d'instruments
d'une propreté parfaite, mais,
après avoir nettoyé mes mains
avec le plus grand soin
et les avoir soumises à un flambage rapide,
je n'emploierais que de la **charpie,**
des bandelettes, des éponges
préalablement exposées dans un air
porté à la température de 130 à 150°;
je n'utiliserais jamais qu'une eau
qui aurait subi la température
de 110 à 120°... ».
Ces techniques, jointes à celles
de l'**antisepsie** et perfectionnées depuis,
ont sauvé des millions et des millions
de malades et de blessés.
Cependant, au cours de son incessante
lutte contre les microbes,
Pasteur sera amené à mettre au point
une arme encore plus efficace.

**Asepsie**
*Ensemble de méthodes qui s'opposent à l'arrivée des microbes, par exemple la désinfection.*

**Charpie**
*Filaments de linge usé, employés autrefois pour panser les plaies.*

**Antisepsie**
*Ensemble de méthodes qui défendent l'organisme contre l'attaque des microbes, par exemple l'utilisation du phénol.*

**Une salle d'opération moderne**
*On sait depuis Pasteur que les chirurgiens doivent opérer dans les conditions d'une propreté parfaite, pour éviter toute infection.*

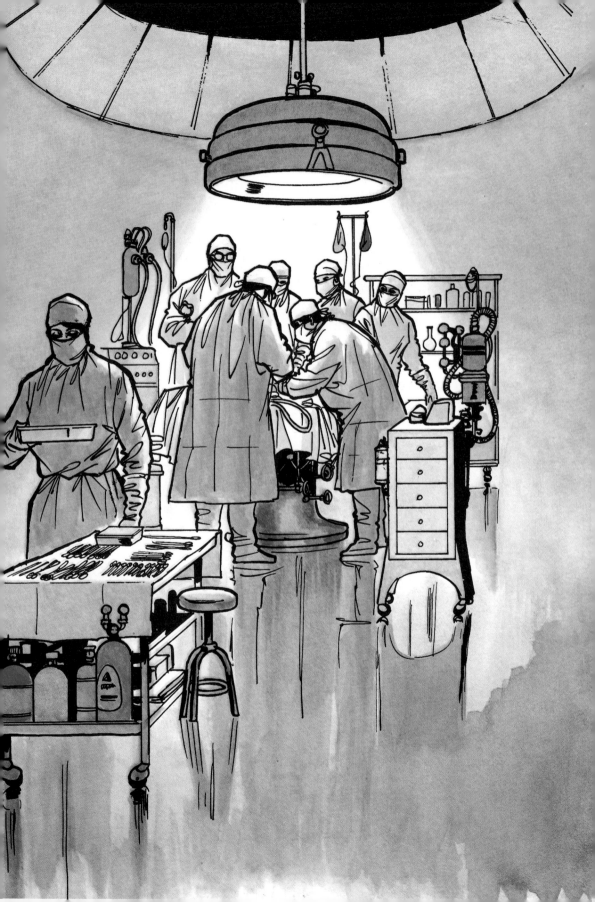

# une maladie mystérieuse

Au milieu du XIXᵉ siècle, l'élevage du ver à soie se développe en Europe. Il se pratique dans des bâtiments appelés « magnaneries ». La chenille et le papillon s'y nourrissent de feuilles de mûrier, d'où le nom donné au papillon : le « Bombyx du mûrier ». Mais un jour, un mal mystérieux s'abat sur les élevages; on fait appel à Pasteur...

vant de se transformer en papillon,
a chenille devient une chrysalide
ui tisse autour d'elle
n cocon de fils de soie,
'où son nom de « ver à soie ».

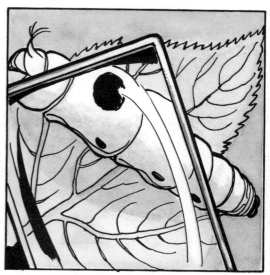

Vers 1849, une épidémie frappe
les chenilles, les chrysalides,
et les papillons,
qui présentent alors des taches
semblables à des grains de poivre.

n élevant des chenilles saines
côté d'autres, malades,
asteur découvre que les insectes
uparavant sains portent des taches:
« pébrine » est contagieuse.

Pasteur démontre cette contagion
en nourrissant des chenilles saines
avec des feuilles qu'il enduit
de corpuscules noirs :
la maladie les frappe rapidement.

# la maladie du charbon

A cette époque, une des maladies mortelles
les plus désastreuses pour les éleveurs
était la maladie du charbon :
les animaux atteints mouraient
en quelques heures.
Leurs cadavres
étaient gonflés et, de la moindre coupure,
s'écoulait un sang très noir,
d'où le nom donné à cette maladie.
En France, le « charbon » tuait
chaque année dans un troupeau de moutons,
une à deux bêtes sur dix,
parfois même la moitié.
En Russie, un très grand nombre
de bergers et de bouchers
mouraient par contagion.
Pasteur étudie la question.
Des **bactéries** avaient été découvertes
dans le sang des animaux morts,
et Pasteur démontre qu'elles sont
à l'origine de la maladie. Il explique
ensuite comment celle-ci se propage :
les animaux morts sont enterrés en pleins
champs, et contaminent la terre.
Même s'ils sont enterrés loin des cultures
ou des prairies, leurs bactéries
peuvent être transportées par des vers
de terre. Les éleveurs vont rapidement
faire bon usage de ces découvertes.
Pasteur, quant à lui, songe déjà
à un moyen efficace,
de protéger les animaux.

**Bactéries**
*Organismes microscopiques.
S'ils sont de forme allongée
on les appelle bacilles; s'ils
sont de forme sphérique, on
les appelle coques.*

**La maladie du charbon**
*Avant Pasteur, cette maladie
faisait des ravages effroyables
surtout dans les troupeaux
de moutons. Les bergers trou-
vaient souvent leurs bêtes
agonisantes, frappées par
cette terrible maladie.*

# une grande découverte

Au terme de ses recherches, Pasteur
met au point un **vaccin** contenant une
bactérie chauffée à 42°. **Inoculé** aux
moutons, ce vaccin ne leur donne
qu'une maladie légère qui les met à l'abri
de la maladie mortelle.
Pasteur procède à une expérience publique :
vingt-cinq moutons sont vaccinés;
ensuite, on leur inocule la bactérie active,
ainsi qu'à vingt-cinq autres moutons
non vaccinés. Une foule nombreuse
et curieuse se presse à ces expériences
qui commencent le 5 mai 1882.
Les vétérinaires, eux, se montrent
particulièrement hostiles à Pasteur.
Le 31 mai, on inocule la bactérie
à tous les moutons — ceux qui avaient été
vaccinés comme ceux
qui ne l'avaient pas été.
Deux jours plus tard, tous
les moutons non vaccinés sont morts
et tous les autres sont sauvés.
L'expérience est concluante.
Pasteur est porté en triomphe.
Quelque temps après, il reçoit
la Grand Croix de la Légion d'Honneur.
Par la suite, les applications
de ses découvertes furent innombrables...

**Vaccin**
*Produit que l'on introdui
chez un individu ou un ani
mal. Ce produit contient de
microbes rendus peu actif
qui provoquent seulement un
réaction de défense de l'or
ganisme. Quand celui-ci ser
attaqué plus violemment pa
les mêmes microbes (lor
d'une épidémie par exemple)
il pourra alors se défendre
Ce procédé a été découver
par le médecin anglais Jenne
(1749-1823).*

**Inoculer**
*Introduire dans un organisme
un élément vivant (comme ur
vaccin).*

**La vaccination des
moutons**
*Les paysans apportent à Pas-
teur des moutons qu'il va vacciner contre le charbon.*

# le danger invisible

En 1886 encore, on compte presque
un décès pour quatre accouchements.
Pasteur met en évidence
le rôle des bactéries
dans ces **fièvres puerpérales.**
Un médecin de Nancy lui envoie
du sang prélevé sur une femme morte
après avoir accouché.
Pasteur soupçonne que cette femme
est morte, en réalité, de la maladie
du charbon. Pour le prouver, il expédie
au médecin de Nancy,
trois cochons d'Inde : à l'un, il a
inoculé du sang de la femme morte;
au deuxième, une culture de bactéries;
au troisième, du sang charbonneux
d'une vache. Les trois cobayes meurent,
et leur sang est identique.
La femme morte habitait sans doute,
conclut Pasteur, près d'une écurie
qui abritait des animaux malades.
Avec la patience et la rigueur
d'un détective, Pasteur traque
les infiniments petits.
Il découvre que le microbe atténué
du **choléra des poules** préserve du microbe
virulent, et qu'il en est de même
pour celui du **rouget des porcs.**
La réputation de Pasteur
grandit sans cesse.

**Fièvre puerpérale**
*Fièvre qui peut atteindre les femmes qui viennent d'accoucher.*

**Choléra des poules**
*Épidémie qui tuait 90 % des poules : elles restaient d'abord immobiles en tremblant, puis se recroquevillaient sur elles-mêmes et mouraient.*

**Rouget des porcs**
*Maladie, due à un microbe qui tua 1 million de porcs aux États-Unis en 1879.*

**Trois colis mystérieux**
*Afin de démontrer que le charbon tue aussi des êtres humains, Pasteur envoie par le train, à un médecin de Nancy, trois cochons d'Inde atteints par la maladie.*

# la gloire

**Académie française**
*Assemblée créée par Riche
lieu en 1635 et qui groupe 4(
personnalités illustres char
gées de rédiger un Diction
naire de la langue française*

**Incurable**
*Qu'on ne peut guérir.*

Le 8 décembre 1881, Pasteur est élu
à l'**Académie française.** Partout, on le
réclame et on le fête. Il est connu
dans de nombreux pays et on vient
même de Russie pour le consulter.
Depuis ses découvertes sur le traitement
de la maladie du charbon, sept cent mille
moutons et quatre-vingt-dix mille bœufs
ont été vaccinés. Depuis
qu'on applique l'asepsie, la mortalité
est deux fois moins grande
dans les hôpitaux, et sensiblement
moins élevée dans les maternités.
Pasteur reste, à 59 ans, un travailleur
infatigable. C'est en effectuant sans
relâche dans son laboratoire de nouvelles
expériences, qu'il a réussi à faire tant
de découvertes qui ont fait progresser
la science. Pasteur reste pourtant un
homme extrêmement modeste.
Comme on lui fait remarquer, un jour,
que peu d'hommes ont connu une gloire
comparable à la sienne, il répond :
« Je n'y pense que pour m'encourager
à persévérer dans mes efforts
tant que j'en aurai la force... »
Depuis longtemps, Pasteur
est préoccupé par une maladie
**incurable** dont on meurt
après d'atroces souffrances : la rage.

**Une réputation interna-
tionale**
*Les découvertes de Pasteur
sont connues du monde en-
tier. Ainsi des Russes vont
venir à Paris lui demander
de les vacciner.*

# comment le mal protège du mal

A cette époque, la rage est
une maladie mal connue : on sait seulement
que la salive des animaux contient un **virus.**
Celui-ci se transmet par morsures.
La période d'**incubation** peut être
de quelques jours ou de quelques mois.
Pasteur inocule ce virus
dans le cerveau d'un lapin. Il prélève
ensuite un morceau de **moelle épinière** et le
place dans un flacon **stérilisé** et chauffé.
Au fil des jours, le fragment se dessèche
et perd sa virulence qui devient
très faible au bout de quatorze jours.
Pasteur broie le morceau, devenu peu
dangereux, dans de l'eau pure et inocule
le liquide ainsi obtenu à des chiens.
Le lendemain, il inocule à ces mêmes chiens
de la moelle datant de treize jours,
et ainsi de suite jusqu'à ce qu'il
leur en injecte un morceau
provenant d'un lapin mort de la rage
quelques heures plus tôt.
Ces chiens, mordus par d'autres chiens
enragés, ne meurent pas.
Le vaccin contre la rage est ainsi découvert.
« Ce que je voudrais, » écrit Pasteur
en mai 1885, « c'est la possibilité d'oser
traiter l'homme mordu sans aucune crainte
d'un accident quelconque… ».

**Virus**
*Microbe responsable des ma
ladies contagieuses.*

**Incubation**
*Temps qui s'écoule entre
l'introduction d'un microbe
dans l'organisme et l'appari-
tion de la maladie qu'il pro-
voque.*

**Moelle épinière**
*Partie du système nerveux,
reliée au cerveau et située
dans la colonne vertébrale.
Le virus, injecté par Pasteur
dans le cerveau, se retrouve
ensuite dans la moelle.*

**Stérilisé**
*Débarrassé de tout microbe.*

**Une rencontre fatale**
*Des chiens errants, atteints
par la rage, semaient la ter-
reur en s'attaquant aux en-
fants. Une morsure suffisait
pour transmettre le virus.*

# l'épreuve décisive

**Cautériser**
*Brûler, avec une tige chauffée ou un produit chimique, pour désinfecter.*

**Neurophysiologiste**
*Médecin spécialisé dans l'étude du système nerveux.*

Le lundi 6 juillet 1885, Pasteur
reçoit dans son laboratoire un jeune
alsacien de 9 ans, Joseph Meister,
accompagné de sa mère. L'enfant a été
mordu par un chien enragé. Un médecin
a **cautérisé** ses plaies, et a conseillé
à sa mère d'aller voir Pasteur à Paris.
Joseph Meister souffre.
Une mort affreuse l'attend.
Pourtant, Pasteur hésite :
il n'a jamais pratiqué la vaccination
sur un être humain.
Finalement, après avoir pris l'avis
d'un **neurophysiologiste,** il se décide.
A la suite de la première inoculation
du vaccin contre la rage,
l'enfant semble aller mieux.
A mesure que les vaccins inoculés
à l'enfant deviennent plus virulents,
l'inquiétude de Pasteur s'accroît.
Le 16 juillet, il injecte à Meister
de la moelle datant d'un jour seulement.
Pasteur attend, inquiet,
en proie à des insomnies.
Le 26 juillet, l'enfant est en bonne santé.
Le lendemain, il gambade gaiement;
il peut reprendre le chemin de l'Alsace
avec sa mère. Pasteur a gagné.

**La première vaccination d'un être humain contre la rage**
*Après plusieurs injections du vaccin au jeune Meister, Pasteur est angoissé : il imagine l'enfant ayant une violente réaction, étouffant peut-être...*

# le temple de la biologie

Par la suite, Pasteur forme le projet de fonder, à Paris, grâce à des dons qu'il recueillera, un établissement consacré à la **biologie.** Informé de ce projet, l'Académie des sciences l'approuve chaleureusement et décide que l'établissement prendra le nom d'Institut Pasteur. De partout, des dons généreux affluent. Une organisation scientifique lance l'idée d'un festival de musique au profit du futur Institut. Les plus grands artistes de l'époque accourent. C'est un triomphe pour Pasteur. L'Institut est inauguré par le président de la République Sadi Carnot, le 14 novembre 1888. Plus de deux millions de francs de cette époque, ce qui est alors une somme énorme, avaient été recueillis pour sa construction. L'Institut Pasteur est aujourd'hui un important centre de préparation de vaccins et de **sérums,** ainsi qu'un haut lieu de l'enseignement et de la recherche biologiques. Il poursuit ses activités dans bien des pays, en particulier, en Afrique Noire. Grâce à ses recherches, on combat avec de plus en plus de succès de terribles maladies qui frappent depuis longtemps les populations de ce continent.

**Biologie**
*C'est la science qui étudie la vie. Pasteur a particulièrement développé une de ses branches : l'immunologie, c'est-à-dire l'étude de la résistance des organismes vivants aux infections.*

**Sérums**
*Ils proviennent du sang d'animaux qui ont été vaccinés contre un microbe. Ils sont injectés dans l'organisme humain pour l'aider à lutter contre ce microbe.*

**L'Institut Pasteur**
*Fondé par Pasteur, l'Institut qui porte son nom poursuit aujourd'hui encore la lutte contre les microbes, aussi bien en France que dans de nombreux pays étrangers.*

# l'humanité lui doit beaucoup

**Urémie**
*Dangereuse augmentation de la quantité de certains déchets (urée) dans le sang.*

**Funérailles nationales**
*Enterrement solennel où le pays tout entier, à travers le Gouvernement, exprime son chagrin et sa reconnaissance.*

**Crypte**
*Chapelle souterraine.*

A la fin de 1894, Pasteur, qui a 72 ans,
est pris d'une violente crise d'**urémie.**
Après une lente amélioration,
sa santé décline de nouveau
au cours de l'été suivant.
Dans la dernière semaine de septembre
1895, Pasteur n'a plus la force de se lever.
Le 27, comme on se penche vers lui
pour lui offrir une tasse de lait,
il murmure : « Je ne peux plus... »
Sa tête retombe. Il meurt le lendemain,
dans l'après-midi.
Après des **funérailles nationales,**
son corps est déposé dans la **crypte**
de l'Institut qui porte son nom.
Pasteur fut l'un des plus grands savants
de l'Histoire. Tout au long de sa vie,
il a mis en pratique ces conseils
qu'il donna à de jeunes étudiants,
un jour de 1892 :
« Vivez dans la paix
des laboratoires et des bibliothèques...
Jusqu'au moment où vous aurez peut-être
cet immense bonheur de penser
que vous avez contribué au progrès
et au bien de l'humanité ».

**Le jubilé de Pasteur**
*Une grande cérémonie est organisée pour les cinquante années de recherches de Pasteur. Celui-ci est accueilli par le grand chirurgien anglais Lister, venu lui témoigner toute son admiration.*

# Pasteur

Imprimé en France par l'imp. HERISSEY n° 32354 - Dépôt légal n° 6955-6-1983 - Collection n° 87 - Edition n° 03

16/4946/6